Lebensbetrachtungen

LYRIK

TRIFFT

MOMENTE

50 Gedichte

von

Tibor Bergmann

Am Tag des Sieges

gewonnen

das süße schmeckt

dem treibsand entkommen

freude im niemandsland

schaukelpferd und dschungelkamp

ich könnt die welt umarmen

wie lange hält das an

mitnehmen

ins neue jahr

neuer baumring

geschafft

Bitterer Nektar

traumblicke

zurücklächeln

lockere sprüche

jetzt und hier

freudenschweiß

altersunterschied

trennmauern

bittersüßer nektar

blitztreffer

zyklus

respektangst

könnte ich nur jünger sein

dreckiger freund alter

die zeit schmeckt nicht

Blues der Stille

abgedriftet

defekter kreiselkompaß

keine feiertage

leise strassenmusik

weggerutscht

spuren an grenzsteinen

faustdicke bitternis

nebelkurven

steile abhänge

landschaftsblues

gegenverkehr und parkplätze

unterwegsgedanken

auch nach diesen noten

kann man tanzen

Coronavirus

epedemie durch einen virus

richtungen

freiwillige isolation

quarantäne und tod

steigende fallzahlen

politiknachdruck

bleibt zuhause

ungewohnt

schwebende luft

hustenanfälle

fernsehansprachen und ausgangssperren
weltweit

unpopuläre maßnahmen

schwierige vernunft

abstandhalten

polizeikontrollen

humor behalten

hängebrücken

erwartungstollheit

alltag

wie lange noch

Das Gesicht des Großvaters

Nur einige schwarzweiße bilder

fotografien aus dem letzten krieg

kleiner mann

fast durchsichtig

nachgeformt

alte dokumente

wiedergeburt

das gesicht des großvaters

dunkler schnurrbart

kräftige natur

was habe ich von ihm

die liebe zu paris

begegnungen im traum

schemenhafte einbildungen

das gesicht des grossvaters

neu geschenkt

hier beschreibbar

ich höre die herztöne eines kolibris

komme wieder

an die orte

seines soldatenlebens

Das Jahr ist Geschichte

das knallen ist verstummt

raketenreste überall

strassen voll verbranntem
schwarzpulver

neujahr ist ein winterhase

läuft uns voraus

warme tage

kein schnee in der senke

abende für rückblicke

wochenenden für wanderungen

nichts ist zugefroren

nebel und sonne im wechsel

spannendes warten

auf die kälte

winterwartezeit

das alte jahr ist vorbei

Der Kopf dreht sich

ungewollter blick

bekannte person

unter einer laterne

früher gab es einen glühenden kampf

wunschfieber

die zeiten kommen nicht wieder

sommerzeit

nasse wiesen

romantische dunkelheit

trübe fehler

im staub der sterne

ist unser platz

umgestoßen

der falsche körper schüttelt sich

abgeschlossene zeit

weiterlaufen

Der Stift auf dem Papier

die zeichnungen färben sich rot

das lachen soll nicht mit uns sein

man will uns das schmunzeln nehmen

der gag bleibt stecken

anschläge und attentate

der tod ist ein meister des religiösen
fanatismus

nur ein stift auf dem papier

ohnmacht und erschütterung

heißgelaufene fernseher

verblendet

falsch programmiert

meinungsfreiheit angegriffen

durch eine stift auf dem papier

lasst uns wachsam sein

meinung vertreten

mut zeigen

nicht einschüchtern lassen

mit dem stift auf dem papier

mit dem griffel in der hand

zeichnen sie weiter

Die Farben der Träume

abgespannt kommt man nach hause

hofft auf ruhe

hinabsteigen in das leuchten des traums

hell und bunt

balzende vögel

legen eier in das nest

auf der flachen liege

naturgeräusche

feierabend

sonne

liebesromane

in den eigenen farben

wohlbefinden und entspanntheit

eigene musik

happyend und farbpalette

selbstheilung

traumfarbenschwimmer

Einfühlsamer Herbst

in den blättern spiegelt sich der sommer

kummer der kürzeren tage

kündigung der zugvögel

versammelte abreise

die früne natur geht schlafen

der herbst für gefühle

weiche braune farben

scheinbar unendlich

bald soll das weiße kleid kommen

dritte jahreszeit

die gedanken kommen zur ruhe

blasse hoffnung

im haus der schnecken

der sonnenrausch ist vorbei

herbst

Ein Moment der Veränderung

letztes aufheulen

dann ewige stille

wuttreten

startversuche

keine antwort

tanz der pleitegeier

raub der zeit

keiner soll mich sehen

gestank der ohrfeige

verbraucht und weggestellt

abholung und schrottplatz

neubeginn

Ein vermummtes Gesicht

verkleidet

wie ein verschwundenes bild

dunkler teint

stolpernde unbekanntheit

wir haben keinen wert

dürfen das volle gesicht nicht sehen

warum vermummt

kleine schritte

wie schwebende beine

an uns vorbei

achtsamkeit

immer häufiger

dran gewöhnen und weitergehen

geht es euch auch so ?

Elfenbeinturm

keine haaresleiter

verwucheter park

morsche tür

übervolles herz

fataler liebestrunk

man blickt von unten rauf

zerbrechlichkeit

zeitenrinnsal

kalte füsse

kuss der lahmarschigkeit

den schalter nicht umgelegt

seele im exil

täglicher kampf

die hose fällt

unverständnis

langes warten

unsonst

zurück in die ferne

verschlossener elfenbeinturm

Es ist vorbei

aus und ende

bittere erkenntnis

schöne zeit

vergangenheit

hoher kopf

neue seiten

tolle höhepunkte

langsamer absturz

jahrelange reise

tiefer fall

unbekannte schuldzuweisungen

veränderte wahrnehmung

die schattenseele

ist aus dem exil zurückgekehrt

hinausgehen an die frische luft

keine verschenkte zeit

besseres schlafen

neue gewählte einsamkeit

schütteln des körpers

neuanfang

es ist vorbei

Fata Morgana

direkte sicht

scharfe sonne

glutheißes paradies

wolkenkampf

zu langes fieber

dauerparker

neu auslaufen

weiter gehen

bis zum horizont

im wunsch der zukunft

Freiheitstraum

ein zahlenschloss auf der liebesbrücke

gefaltete hände

freiwilliges gefängnis

jetzt

gewählte hoffnung

leitet den flieger

schaler liebesnektar

gewollte zugehörigkeit

kein dschungelmensch mehr

tanz ums kalb

äußere leere

nachgesüßter schwung

verstellte personen

der traum war stärker

schuldig

allein

mit mir selbst

Freudentaumel

warme punktlandung

keiner brauchte mir helfen

angebot angenommen

zeitenstarre

lese zeilen der guten laune

für ein ausgewogenes jahr

termin noch lange hin

halbjahresenergie

verständnis

taumel der freude

gedanken stellen sich vor

hirnfilm

inspiration der zukunft

gaumenfreude

im land der zweiten heimat

gewollte scheinwelt

ausruhzeit

warte auf mich

ich komme

Frühlingsaussicht

im wintergarten

große fenster

glücklich

die nässe bleibt draußen

sicht auf balzende vögel

das grün bereitet sich vor

diesmal wieder kein schnee

zeitumstellung

schmelze in den bergen

hohes flußbett

vorbereitungen aufs osterfeuer

kommender frühling

zyklus

vogelfreude

blick in den frühling

ich bin daheim

Gespielte Eitelkeiten

wahn der besserwisserei

kein durchhaltevermögen

plastik der drei affen

seifenblasen

verkauftes herz

hüter ohne heimat

peffermühlen

unverblümt

weinende tatsachen

spielmuskeln

schreihals

rotes tuch

zerschnitten

umgedreht und weg

man waren wir blöd

das sagt uns jeder

Herbstnachmittag

grünbrauner mix

verschlampte wege

rosenlabyrinth

vogelschwarm fliegt zum horizont

wunsch des mitfliegens

gen süden

spielende hunde

läufer und spaziergänger

durchschnaufen

orange lichtstrahlen

herbstschönheit

naturgedanken

herzspringen

bald ist winterschlaf

Herz und Himmel in Paris

langsamen fußes

über die romantische brücke

die sonne spiegelt sich

in den vorhängeschlössern am zaun

intensive momente

reden und lachen

hören und schmecken

liebevolle wiederholungen

französische gelassenheit

in der hektischen stadt

duft und genuß

kann man nicht töten

meine wiederkehr jedes jahr

himmel und herz bleiben hier

könnte ich nur fliegen !

Im Nebel der Enttäuschung

im dickicht der wut

tanzt der pleitegeier

verlorene siege

drehorgelblues

ohrfeigengestank

gefangene der träume

ungewollter tag

alles mit beigeschmack

wochen gehen zu ende

suche meine batterie

jahreskreisel

In der verdreckten Gasse

jugendliches versteckspielen

alte strassenecke

ölige schmiere auf dem asphalt

stöckelschuhe und verbrauchte genüsse

durchgelaufener straßenbelag

ich höre nicht auf die innere uhr

platznehmen im eckcafe

beobachten und zeitanhalten

hier will ich sein

strassenmüll zeigt seine kunst

abrissbirnen helfen neubauten

lebensgassen und wiederkehr

In meinem Hotel

abbruchreifes viertel

zimmer unterm dach

herzbruchsuite

weiße vögel am fenster

durchgelegenes bett

quadratraum

strassenlärm

stickige luft

vertrocknete blumen

ameisen und wandlöcher

schreibtisch

süße innere stimme

lieber eifelturm der lüste

dies ist mein hotel

wunderbar

Innehalten

schneller stop

müder körper

schlaffe gedanken

vorsicht beim auspacken

zuckersüße schnelligkeit

profit und geld

mechanisches blut

innehalten

die fliegende fahne auf halbmast

hab die zeit

nur kurz anhalten können

durchatmen

es geht weiter

bis zum abend

jeden tag

wem geht es auch so ?

In Virusquarantäne

zuerst freiwillig

dann per verordnung

haltet abstand

in den wohnungen bleiben

schauen aus dem fenster

weniger verkehr

kontrollen

menschen mit atemmasken

wichtige gründe

spaziergänge nur zu zweit

expertensendungen

sollen hoffnung machen

kirchenglocken läuten

mehr telefonate

gefühlt eingeschlossen

wie lange noch

sehe vögel der freiheit

ohne sorgen

ein beispiel

Jahreswechsel

blick durch drei fenster

vergangenheit gegenwart und zukunft

vorschau und rückblick

alles wird abgelegt

positives denken

chancenwechsel und friedenswünsche

silvester weint regen

gespannte vorfreude

verfrühte raketen

knallfrösche

wird schon werden

Anfang Januar

die fettigen tage sind vorbei

der knallerstaub löst sich auf

schwefeltage

spazierengehen

hundeglück im laub

wolkenteppich

der schnee kommt noch nicht

ist lange her

der kalte winter

kein schlittschuhlaufen

wo beiben die minusgrade

die jahreszeiten weichen sich auf

Im Kreisel

drehende orte

gleiche personen

situationen

tage und nächte

die augen weit vauf

alte farben

träume in der spur

erinnerungswind

dolles spiel

keine ausfahrt

karikaturen der einsamkeit

funktionieren

urlaub als freudentaumel

kreiselkompaß

die verantwortung

haben andere

Langes Warten

sentimentalität als urheber

nichts kommt unverhofft

komposition eines tages

kein notausgang

aus der wartehalle

verschlossene auster

ellenlanges schauen

sitzen und blicken

fühle mich unsichtbar

jahre vergehen schnell

aufstehen

bekennen

rauslassen

aufbruch

veränderungen zulassen

Lebensstraßen

seitenblicke und treffpunkte

hetze und staus

streunendes leben

wechselwind und einbahnstrassen

wunderwege und sackgassen

kreuzungen und tunnel

ampeln und brücken

baustellen und kopfsteinpflaster

überholspuren und seitenstreifen

notfallgassen und irrwege

auf dem weg des lebens

wir sind dabei

zu fuss oder mit fahrbarem untersatz

auf den vorbestimmten richtungen

oft

Meine Pause

in meinem raum

bin ich der herr

schwadroniere wie ich will

in meiner welt

eine kurze zeit

heldenfigur

die gewinnen will

atemübungen

auf zur lebensstraße

der tagesablauf geht weiter

unablässiger zeitendruck

bald ist feierabend bergfest wochenenende

Neuer Winterblick

unscharfes licht

sonnenschimmer

zu warm

im park der kalten jahreszeit

winterorange

sichtbarer blätterboden

tiere sind im blues

wechselwünsche

erster monat

wo bleibt das schneeweiß

übergang

neue belichtungen

besinnlickeitsangst

kein kalter hauch

wie lange noch

Neues Kennenlernen

der alte igel

zieht seine stacheln ein

sehnsucht des ewigen lichts

sieg oder niederlage

weggedrückt

weibliche formen am telefon

vergangene reisen

durch die singlewelt

gewollter neubeginn

rosenkriegkind

mal wieder sehen was wird

kennenlernhoffnung

Neues Ufer

das lebensboot

kreuzt durch den nebel des jahres

in der vergangenheit

schimmender rückblick

in milchiger sonne

freudengeräusche

in der seichten bucht

ein neues ufer

weisse sicht

friedliches plätschern

am frauenbusen

gespannt auf die anlandung

du neuer unbekannter hafen

Pension der Sehnsüchte

eingangsblues

die katze lässt sich streicheln

rezeption des bruchherzens

eisiges zimmer

zum frühstück gibt es pfeffermühlen

ich bin frei

trister innenhof

schaue aus dem fenster

baue meine wünsche

schwelge in gedanken

gehe hinaus

bis zum nächsten morgen

hole mir was geht

Plötzlicher Halt

spaziergang durch die stadt

unbeschwerter bummel

da kommt sie

abbremsen

wie ein schlag auf den kopf

tiefe blicke treffen sich

auslöser

kein einziges wort

magendrücken

erinnerungen fahren achterbahn

hatten uns lange nicht gesehen

empfundene ärgernisse

spielernaturen

finstere mienen

grüßende niederlagen

weitergehen

Ruhestunden

elektrische stille

reizfluten

bluthitze und naturzwischern

kurze schatten fallen an die wand

komponieren schräge bilder

heißes balkonfest

wochenendsglut

alles will sich verstecken

sommerhitze

nach nassen jahren

ungewohnt

Scheibenhitze

hellblauer himmel

zeit des schweinehundes

schattenfenster

kondenzstreifen

als abstrakte gemälde

die natur hofft

auf feuchtigkeit

scheibenglut

die j-monate

trockenes grün

am blaualgensee

unser sommer

wir liegen daheim

waren

solch einen sommer

lange nicht gewöhnt

Schneckenhaus

anfangs schrecklich nett

freizeit und gemeisames leben

so wie es möglich war

später dunkler mond

nicht wahrhaben wollen

im laufrad der hoffnung

blinde freude gehabt

über mir die welle

auszeit

grauer sternenhimmel

türkarussel

der rausch ist vorbei

lügende unterschiede

jahresbekenntnisse

die tage werden blass

neue unnötige freiheit

zurück ins schneckenhaus

Schwarzes Geschwür

lange im verborgenen

weit weg

man gibt uns schuldzuweisungen

ungeborene verantwortung

freies leben wirkt ungesund

sinnlose geschehnisse

rote straße

blutendes cafe

in der stadt der liebe

das schwarze krebsgeschwür

ist aufgegangen

scheinbare diamanten

am abendlandhimmel

anmaßend

fühlende plurale freiheit

ihr werdet sie nicht ändern

unser leben gehört uns

vergisst es

Schwarzes Geschwür

lange im verborgenen

weit weg

man gibt uns schuldzuweisungen

ungeborene verantwortung

freies leben wirkt ungesund

sinnlose geschehnisse

rote straße

blutendes cafe

in der stadt der liebe

das schwarze krebsgeschwür

ist aufgegangen

scheinbare diamanten

am abendlandhimmel

anmaßend

fühlende plurale freiheit

ihr werdet sie nicht ändern

unser leben gehört uns

vergisst es

Schweinehundzeit

turnierfreude

unmögliche ruhezeiten

heimfahrten

über dem zenit

trauriger schlaf

sieglos

unnötige pause

kein trainning

im zeichen des schweinehunds

was will ich noch erreichen

verschwendete jahre

alleinige verantwortung

taub werden

nötiger aufbruch

sagt man sich

immerwieder

Stadtdschungel

mieterangst

verliererstadtteile

hinter dem bahnhof

weit weg

die fussgängerzone

der hoffnung

moor der menschen

wir sind in der mitte

steriles kaffeehaus

beobachtertische

lästermäule

betonbunker

es geht auch anders

flucht in die altstadt

in den schatten des fachwerks

wenn man kann

Verblaßte Erinnerungen

könnte heulen

vieles ist verloren

die zeit wird steril

weiche bilder

der kopf schwimmt

bleiche gedanken

ich betrachte fotos

schaue filme

momentaufnahmen

festgehaltenes lächeln

wie verschwimmende gemälde

vermisste personen

tonlos

gestoppte bewegungen

idee und einfall

plötzliche wiederkehr

sie sprechen zu mir

machen mut

bauen mich auf

holen mich wieder ab

es funktioniert wieder

erneute erinnerungen

danke

Vorfreude auf den Frühling

hellere tage

tanz des frühen lichts

vorsichtig blicken die tiere

die amsel grüsst vom kugelbaum

freude auf den blühenden anfang

göttliche frucht

bahnbrechende farben

jeden tag mehr

zugvögel auf dem weg nach norden

die freude kommt aus dem süden

höre die herzschläge des igels

veränderte geräusche

beginn des pflanzenfestes

aufgeweckte natur

raus aus dem winterschlaf

kommt schnell du wunderbarer frühling

Weggeschoben

abschied mit erleichterung

zusammen noch ein essen

letzte fotos

inhaltsloses reden

die revue ist vorbei

heißer brei des gefasel

ganze zeiten lang

wegschieben

emotionen fahren in die ferne

trennungspunkt

neuanfang woanders

die versuche waren umsonst

dickicht

alles aus den augen

nicht mehr bleiben

abgeschobene antworten

nur weg

Weinendes Paris

stadt der freude und des lichts

romnatische hauptstadt

genußstern

was hat man dir angetan ?

unfaßbare abschläge

kerzen kerzen kerzen

hundertfach

am platz des öffentlichen gedenkens

drei farben eifelturm

rot weiß blau

halbangst

ausnahmezustand

soldaten und polizisten

kontrollen überall

sirenengeheul

wann kommt wieder man wieder zu ruhe ?

ich hab keine angst

komme bald wieder

in die weinende metropole

Werde für verrückt erklärt

leuchtendes wort

fünf buchstaben

reisevorstellungen

eine stadt wird gebucht

gefühlsströmungen

zum wiederholten mal

meine verrücktheit

die lebensbatterie wird

sich aufladen

dort wo man gerne ist

baguette und rotwein

gefundene romantik

paris bis zu meiner ewigkeit

Wer seit ihr heute ?

ihr arbeitet im schatten unserer zeit

warum fühlt ihr euch überlegen ?

bilder von verängstigten menschen

tote strassen

roter Monat

phantastische weiten

weit weit weg

das feuerwerk zum schweigen gebracht

befürchtet und bekommen

wo seit ihr heute ?

dunkle gestalten des unglaublichen

fühlt ihr euch gut ?

leid im wochentakt

aus dem fernseher kommt

die neue wirklichkeit

melodien der unfassbarkeit

ais dem gtas fliegt

ein weißer schmetterling

wie ein kleiner engel

der uns kraft bringen kann

abgestumpfte normalität

so ist es heute

damit können wir euch treffen

ihr habt keine chance !

Zeitfixpunkt

beide zeiger will ich nicht sehen

es war so schön

verdicktes blut

atemlosigkeit

im schoß der unverschlossenen stille

verstaubte zeitenwende

der zyklus ist außer takt

labyrinth des augenblicks

kreisverkehr der schwarzen nacht

haus der schnecken

aus der vergangenheit geritten

flut und ebbe

im zeitenlauf

hände fuchteln

durch die scheibenluft

reifepunkt

Inhaltsverzeichnis :

IMPRESSUM

veröffentlicht 2020

in Hildesheim
von Tibor Bergmann
ber.gv40@gmx.de
www.t-b-lebensbetrachtungen.de.tl

© 2020
Herstellung und Verlag:
BoD – Books on Demand, Norderstedt
ISBN: 978-3-7519-0689-0